Auerhahn
Wolf
Iltis
Europa
Asien
Uhu
Vogel
Esel
Unke
Yak
Kamel
Ente
Tiger
Panda
Dromedar
Pfau
Elefant
Orang-Utan
Giraffe
Elefant
Krake
Australien
Koala
Känguru
Kakadu
Pinguin
Antarktis

Konzeption

Die Tiergeschichten mit Mia und Mio bieten spannende und abwechslungsreiche Lesegeschichten mit dem farbigen Silbentrenner. Die Tiergeschichten sind ein ideales Lesefutter für starke und schwache Kinder in Klasse 1 und Klasse 2. Sie können gezielt und differenziert zur Förderung eingesetzt werden, weil sich von Band 1 bis Band 10 das Buchstabenrepertoire und die Textmenge mit jeder Geschichte vergrößert. Eine Übersicht über die verwendeten Buchstaben finden Sie jeweils auf der Umschlagrückseite.

Die Arbeitsblätter (Kopiervorlagen) ermöglichen zusätzliche Textarbeit. Die Tiergeschichten sind als Klassenbibliothek angelegt und eignen sich, dank der stabilen Verarbeitung, auch zur Mitnahme nach Hause.

Ausgangspunkt sind die Ankerbilder aus dem Lehrgang ABC der Tiere. Zu jedem Buchstaben bzw. Laut liegt eine Geschichte vor. Die Ankerbilder dienen zur Einführung von Buchstaben und Lauten. Bei der Auswahl der Ankerbilder war entscheidend, dass die Namen eine möglichst genaue Artikulation fördern und fordern oder die Laute eindrücklich symbolisiert werden.

Die Namen der Ankerbilder können auch sehr gut für das Silbenklatschen eingesetzt werden. Die Ankerbilder haben nicht die Funktion einer Anlauttabelle. Deshalb beginnen die Namen der Ankerbilder nicht in allen Fällen mit dem entsprechenden Buchstaben bzw. Laut. Die Reihenfolge der Einführung der Buchstaben und Laute orientiert sich an der Silbenfibel®. Dabei wurde auf zwei Punkte geachtet:

- Durch die Reihenfolge der Einführung werden Verwechslungen vermieden.
- Die Leseanfänger haben zu Beginn ein möglichst einfaches Buchstabenrepertoire. Erst mit steigender Leseleistung werden schwierigere Buchstaben und Laute eingeführt.

Die Tiergeschichten wurden so angelegt, dass jeweils nur das Buchstabenrepertoire verwendet wird, das bis zu einer bestimmten Silbenfibel®-Seite eingeführt ist. Die Tiergeschichten können gelesen werden:

	Allgemein-Ausgabe (1405-90)	Bayern-Ausgabe (1402-30)
Band 1	ab Seite 46/47	ab Seite 52/53
Band 2	ab Seite 48/49	ab Seite 54/55
Band 3	ab Seite 50/51	ab Seite 56/57
Band 4	ab Seite 52/53	ab Seite 58/59
Band 5	ab Seite 56/57	ab Seite 62/63
Band 6	ab Seite 60/61	ab Seite 68/69
Band 7	ab Seite 64/65	ab Seite 72/73
Band 8	ab Seite 68/69	ab Seite 76/77
Band 9	ab Seite 76/77	ab Seite 84/85
Band 10	ab Seite 80/81	ab Seite 88/89

Markieren die farbigen Silben die Worttrennung?

Die farbigen Silben zeigen die Sprech-Silben eines Wortes an. In den allermeisten Fällen ist das identisch mit der möglichen Worttrennung am Zeilenende. In erster Linie bei der Trennung einzelner Vokale (a, e, i, o, u; z.B. E-va, O-fen, Ra-di-o) gibt es einen Unterschied: Nach der aktuellen Rechtschreibung werden diese am Zeilenende nicht abgetrennt. Da diese Wörter aber mehrere Sprech-Silben haben, sind diese auch mit zwei Farben gekennzeichnet: Eva, Ofen, Radio.
Weitere Informationen zur Silbenmethode auf: www.abc-der-tiere.de

Bezugsmöglichkeiten

Alle Titel des Mildenberger Verlags erhalten Sie unter: www.mildenberger-verlag.de oder im Buchhandel. Jede Buchhandlung kann alle Titel direkt über den Mildenberger Verlag beziehen. Ausnahmen kann es bei Titeln mit Lösungen geben: Hinweise hierzu finden Sie in unserem aktuellen Gesamtprogramm.

Tiergeschichten

mit Mia und Mio

Band 3

von

Bettina Erdmann

illustriert von

Ingrid Hecht

Mildenberger

Tiergeschichten mit Mia und Mio

	Bestell-Nr.
Band 1: Affe, Elefant, Igel, Maus, Tiger, Wal	**1404-01**
Band 2: Delfin, Fisch, Gans, Kakadu, Schildkröte	**1404-02**
Band 3: Kröte, Löwe, Nashorn, Papagei, Pfau	**1404-03**
Band 4: Auerhahn, Hase, Kühe, Reh, Uhu	**1404-04**
Band 5: Bär, Eichhörnchen, Seepferdchen	**1404-05**
Band 6: Specht, Storch, Zebra	**1404-06**
Band 7: Känguru, Orang-Utan, Schlange	**1404-07**
Band 8: Eule, Jaguar, Katze	**1404-08**
Band 9: Qualle, Vogel, Yak	**1404-09**
Band 10: Boxer, Clown / Chamäleon	**1404-10**
Band 1 – 10, Komplettbezug	**1404-12**
Arbeitsblätter zu allen Geschichten, Lesepass, KVs, Spiralbindung	**1404- 11**
Stempel zum Lesepass	**1402-52**

Impressum

Bestell-Nr. 1404-03
ISBN 978-3-619-14403-7

Auflage 7 6 5 4
Jahr 2024 2023 2022 2021

www.mildenberger-verlag.de
E-Mail: info@mildenberger-verlag.de

Redaktion: Stefanie Drecktrah
Grafik: Mildenberger Verlag GmbH
Illustrationen: Ingrid Hecht, 30163 Hannover
Druck: optimal media GmbH, 17207 Röbel / Müritz

Gedruckt auf umweltfreundlichen Papieren

Inhalt

Die Kröte Gerda

Es ist Samstag.
Die Eltern sind sehr beschäftigt.
Mia und Mio sollen mithelfen.
„Könnt ihr bitte in den Keller gehen
und schauen, ob die Wäsche schon fertig ist?“,
fragt Mias und Mios Mama.
„Na gut, wenn es sein muss“,
antworten Mia und Mio und trotten los.

Die Kröte Gerda ist wütend und traurig.
Kröten sind unbeliebt, niemand mag sie.
Erst gestern hat Gerda gehört,
wie ein Mann erschrak, als er sie sah.
„Igitt, eine Kröte!“ rief er.

So gern wäre Gerda ein anderes Tier.
Ein hübscheres, mit einem kuscheligen Fell.
Niedergeschlagen hüpft die Kröte umher.
Auf einmal merkt sie,
dass sie in einen Keller gehüpft ist.
Dort ist es dunkel und kühl.
Mutlos kauert Gerda hinter einem Kasten.
Was das wohl sein mag?

Im Keller angekommen, ruft Mio überrascht:
„Schau mal Mia,
hinter der Waschmaschine ist ein Frosch!“
„Das ist kein Frosch, das ist eine Kröte“,
sagt Mia.

„Sie hat diese unschönen Pickel
auf ihrem Rücken.“
„Du übertreibst!“, entgegnet Mio.
„Die Kröte sieht toll und interessant aus.
Komm schon, Mia,
wir müssen das arme Tier retten.
Alleine kommt es nie die Kellertreppe hinauf.“

Mio will die Kröte berühren.
„Du darfst sie auf keinen Fall anfassen!“,
warnt Mia ihren Bruder.
„Aus ihren Drüsen sondert sie Gift ab.“
Mio bleibt gelassen.
Er nimmt eine Kehrschaufel,
schubst die Kröte darauf
und trägt sie ins Freie.

Gerda ist überwältigt.
Es gibt einen Menschen, der sie mag!
Frohen Mutes hüpft sie los.
Wie gut, dass alles so ist wie es ist,
findet Gerda.

„Und?“, fragt Mios und Mias Mama,
als die Kinder aus dem Keller kommen.
„Wo ist die Wäsche geblieben?“
„Wir mussten eine Kröte retten“,
sagt Mio entschuldigend.
„Um die Wäsche kümmern wir uns sofort.“

Eine tolle Pfauenfeder

Mio ist in der Schule.
Die Kinder warten
im Klassenraum auf ihre Lehrerin.
Sie mögen Frau Wieland sehr.
Mio löst ein Sudoku.
Lars neben ihm schreibt etwas.
Mio schaut genauer hin und sagt überrascht:
„Du schreibst mit einer riesigen bunten Feder!“

„Wo kann man denn so etwas kaufen?“
„Das ist eine Pfauenfeder“, sagt Lars.
„Wir waren am Samstag bei meiner Tante.
Im Garten gegenüber lebt ein Pfau.“

„Und dem hast du eine Feder ausgerissen?“, fragt Mio.

„Nein, was glaubst du denn?
Die ist ihm ausgefallen,
als er ein Rad geschlagen hat. Das war toll!
Das hättest du mal sehen sollen“,
sagt Lars begeistert.

„Wenn ein Pfau ein Rad schlägt,
ragen alle Federn kreisförmig in die Luft.
Leider tat der Pfau das nur selten.“
„Wann schlägt ein Pfau ein Rad?“,
will Mio wissen.

Lars grinst: „Das tut er,
wenn er um eine Pfauendame wirbt.“
„Sie soll ihn bewundern und
besonders schön finden.“
Mio ist etwas neidisch.
Gerne hätte er selbst so eine Pfauenfeder.
„Du könntest mal im Tierpark fragen“,
meint Lars.
„Dort gibt es einen Pfau. Es kann gut sein,
dass du eine Feder geschenkt bekommst.

Dann besorgst du dir eine Kugelschreibermine
und klebst sie mit Klebeband an den Federkiel.
Und fertig ist der Federkuli."
„War das deine Idee?", fragt Mio.
Lars nickt.
„Aber mein Papa hat mir dabei geholfen.
Damit man mit dem Kuli schreiben kann,
muss das Klebeband sehr fest gewickelt sein.
Das kann Papa besser."

„Mio, hast du schon mal einen Pfau schreien gehört?“, will Lars wissen.
Mio schüttelt den Kopf.
„Er hat uns morgens um halb sieben mit seinem Geschrei geweckt.
Mann, war das laut!
Da war es aus mit der Ruhe.“

Mio berührt behutsam die Feder.
Das Muster gefällt ihm besonders gut.
„Psst, ihr beiden“, flüstert auf einmal ein Mitschüler hinter Mio.
„Frau Wieland kommt!“
„Guten Morgen, Kinder!“
„Guten Morgen, Frau Wieland!“

Nashörner

Mama ist erkältet.
Sie benötigt Medikamente.
Mia geht mit ihrem Papa in die Apotheke.
Dort bekommt sie ein Tierposter.
Daheim schaut sie es gemeinsam mit Mio an.
Es geht um Nashörner.

Auf dem Poster sind schöne Bilder.
Und man kann Interessantes
über Nashörner lesen.
„Nashörner leben in Asien und Afrika.
Tagsüber schlafen sie gerne.
Überhaupt sind sie eher faul und träge“, liest Mio.

„Sie können schneller laufen als ein Mensch
und haben Riesenkräfte.
Selbst ein Löwe geht ihnen lieber aus dem Weg.
Aber sie kämpfen nur,
wenn sie angegriffen werden.“
„Schau mal, das ist ein Breitmaulnashorn.
Was für ein lustiger Name!“, ruft Mia.
„Und – hat es ein besonders breites Maul?“,
fragt Mio.
„Schon. Die Oberlippe ist sehr ausgeprägt und
die Unterlippe hat eine hornige Kante.
So kann das Nashorn besser grasen“,
liest Mia.
„Denn Gras mag es am liebsten.“

Die Kinder lesen weiter:
In Asien sind Nashörner fast ausgerottet,
man findet sie nur sehr selten.
In diesem Augenblick kommt ihr Papa herein.
„Oh, was für ein schönes Poster!“, sagt er.
Er schaut, was die Kinder lesen, und sagt:
„Die Menschen in Asien glauben,
dass das gemahlene Tierhorn
Krankheiten heilen kann.
Sie fertigen eine Art Mehl daraus
und töten die Nashörner deshalb.“
Mia und Mio sind entrüstet.
„So ein Unfug!“, sagt Mio.

Papa erklärt: „Wegen einem Aberglaube werden diese wunderbaren Tiere getötet. Aber es gibt Gott sei Dank Menschen, die den Nashörnern helfen.“
Mio, Mia und ihr Papa schauen das Poster an.

„Papa, wie geht es Mama?“, will Mia auf einmal wissen.
„Etwas besser. Die Medikamente wirken gut“, antwortet er.
Mia und Mio werden misstrauisch.
„Ist in Mamas Medikament Nashornmehl?“, fragt Mio.

Sein Papa schüttelt den Kopf.
„Auf keinen Fall! Da könnt ihr beruhigt sein.“
Mia und Mio atmen auf.
„Wenn man erkältet ist, helfen Kamillentee und Bettruhe sowieso am besten“, sagt ihr Papa.
„Und nun fragt mal die Mama, ob sie frischen Tee will.“

Der kleine Löwe

Es ist abends.
Mia und Mio lernen.
Sie müssen für die Schule ein Tierrätsel lösen.
Eine Frage lautet: Wer ist der König der Tiere?
Die Kinder überlegen.
Dann sagt Mio: „Das ist der Löwe."
„Warum?", will Mia wissen.
„Wegen seiner Mähne", antwortet Mio.
„Damit sieht er aus wie ein König.
Und er kann am lautesten brüllen."
„Mia, kennst du den Löwen Leo?",
fragt Mio seine Schwester.
„Nein, wer ist das?", antwortet Mia.
„Pass auf!", beginnt Mio.

Der kleine Löwe Leo ist traurig.
Seine Brüder haben beide schon eine Mähne.
Aber rund um den kleinen Löwenkopf
ist bei ihm das Fell nur etwas dicker.
„Du musst geduldig sein und warten, Leo“,
sagen seine Brüder. „Wir sind eben älter als du.“

Neidisch schaut Leo auf seine Geschwister.
Sie können so laut brüllen, dass die Erde bebt.
Leos Laute dagegen sind kaum hörbar.
Gern wäre er schon älter.
Dann dürfte er gegen andere Tiere mitkämpfen.
Aber so muss er daheimbleiben.
Lustlos liegt er im Schatten eines Baumes.

An einem warmen Sommerabend
geht der kleine Löwe an den See.
Er hat riesigen Durst. Der See ist ruhig.
Nur ein paar Mücken schwirren über dem Wasser.
Als er trinken will, erblickt er einen Löwen.
Mit der Pfote berührt er das Wasser.
Nein, es ist kein anderer Löwe im See.
Er ist es selbst!

An den folgenden Tagen
geht Leo oft an den See.
Aber weil es windet,
ist das Wasser unruhig
und schlägt kleine Wellen.
Leo kann sein Bild im Wasser kaum erkennen.

Eines Tages sagen seine Brüder:
„Leo, wir glauben, es ist bald soweit.
Du bekommst eine Mähne.“
Aufgeregt rennt Leo an den See.
Es ist wahr! Was für ein Anblick!
Er ist ein Löwe mit einer wunderschönen Mähne.
Leo ist so froh.
Selbstbewusst marschiert er heim.
Nun kann das aufregende Leben beginnen.

Mia hat ihrem Bruder aufmerksam gelauscht.
Mit Leo kann sie gut mitfühlen.
Logisch, dass er eine Mähne haben will,
findet sie.

Mia und Mio sind mit ihrem Rätsel fast fertig.
Da kommt Mama rein.
„Warum ist der Löwe der König der Tiere?“,
fragt Mia ihre Mutter.
„Er hat kaum Feinde, die ihn angreifen“,
antwortet sie.
Mia und Mio nicken.
Das ist in der Tat ein Grund.

Paulo plappert

„Tschüss, Mama! Wir sind bei Lena!“, rufen Mia und Mio.
„Was tut ihr dort?“, fragt ihre Mutter.
„Erst erledigen wir Schulaufgaben, dann wollen wir für die Mathearbeit lernen“, sagt Mia.

Lena ist in Mias und Mios Klasse.
Seit ein paar Tagen hat Lena Papageien.
Papageien kennen Mia und Mio bisher nur aus dem Tierpark.
„Wo sind die Papageien?“, fragt Mio schon an der Tür.
„Du bist aber ungeduldig“, sagt Lena.
„Kommt erst mal rein.“
Lenas Mutter ist einkaufen, die Kinder sind allein.

„Das ist Paulo“, sagt Lena.
„Pauline ist bis morgen beim Tierdoktor.
Sie muss geimpft werden.“
„Mann, ist der aber toll!“, ruft Mio begeistert.
Paulo hat schöne graue und rote Federn.
„Muss Paulo immer im Käfig sein?“, fragt Mia.
„Wir können ihn rauslassen“, antwortet Lena.
„Aber die Fenster müssen geschlossen sein.“
Lena öffnet Paulos Käfig.
Der Papagei klettert sofort heraus.
Er tappt über Lenas Schreibtisch,
direkt über das Schreibheft.
Man kann seine Krallen auf dem Papier hören.
Paulo gefällt seine Freiheit.

Er kreischt ausgelassen.
Mann, ist das laut!
Mia, Mio und Lena haben gar keine Lust mehr auf Mathe.
Und die Schulaufgaben können ebenfalls warten, finden sie.
Lena holt Schokoladenkekse auf einem Teller.
Es ist sehr lustig mit Paulo.
Mia nimmt ein Blatt Papier und Malkreide.
Sie will Paulo malen.
Mio und Lena knipsen ein paar Fotos.

Es werden lustige Bilder.
Paulo ist in bester Laune.
Er fliegt munter umher.
„Schaut, Paulo baumelt am Lampenseil, das ist seine Schaukel!“, ruft Mio.

„Das ist lustiger als Matheaufgaben“, sagt Mia.
Es ist schon fast fünf Uhr. Da ruft Lenas Mutter.
Man kann Schritte auf der Treppe hören.
„Schnell an den Schreibtisch!“, sagt Lena.
Die Kinder nehmen rasch ihre Schreibhefte
und schauen hinein.

Mio nimmt seinen Füller und tut so,
als ob er eine Matheaufgabe lösen würde.
Die Tür geht auf. Lenas Mutter kommt herein.
Mit Mias und Mios Papa!
„Na Kinder, habt ihr schön gelernt?“,
fragt Lenas Mutter.
Die Kinder nicken.
„Alle Schulaufgaben erledigt?“, fragt sie weiter.

Die Kinder nicken wieder.
Auf einmal hören sie Paulo.
„Kekse essen, lustiger als Mathe,
lustiger als Mathe!“, plappert der Papagei.
Lenas Mutter schaut auf den leeren Keksteller.
Paulo pickt gerade die Krümel auf.
„Kekse essen, lustiger als Mathe!“,
schnarrt der Papagei.

„Psst, Paulo halt deinen Schnabel!“, flüstert Lena.
Mia und Mio schauen beschämt auf den Boden.
Lügen ist keine heldenhafte Tat, das wissen sie.

„So, so, ihr habt also gelernt."
Papa und Lenas Mutter schauen belustigt.
„Na dann, schnell heim ihr beiden",
sagt Mios und Mias Papa,
„ihr müsst die Schulaufgaben erledigen."

„Konntet ihr wenigstens etwas
über Papageien lernen?",
fragt er seine Kinder auf dem Weg.
„Das konnten wir", antwortet Mia.
„Wir wissen nun, dass es Papageien gibt,
die Geheimnisse ausplaudern."

Übersicht der Ankerbilder zu den verwendeten Lauten

A a

Affe

Au au

Auerhahn

Ä ä

Känguru

B b

Bär

D d

Delfin

E e

Elefant

Ei ei

Eichhörnchen

F f

Fisch

G g

Gans

„So, so, ihr habt also gelernt."
Papa und Lenas Mutter schauen belustigt.
„Na dann, schnell heim ihr beiden",
sagt Mios und Mias Papa,
„ihr müsst die Schulaufgaben erledigen."

„Konntet ihr wenigstens etwas
über Papageien lernen?",
fragt er seine Kinder auf dem Weg.
„Das konnten wir", antwortet Mia.
„Wir wissen nun, dass es Papageien gibt,
die Geheimnisse ausplaudern."

Übersicht der Ankerbilder zu den verwendeten Lauten

A a

Affe

Au au

Auerhahn

Ä ä

Känguru

B b

Bär

D d

Delfin

E e

Elefant

Ei ei

Eichhörnchen

F f

Fisch

G g

Gans

H h

Hase

I i

Igel

K k

Kakadu

L l

Löwe

M m

Maus

N n

Nashorn

O o

Orang-Utan

Ö ö

Kröte

P p

Papagei

Übersicht der Ankerbilder zu den verwendeten Lauten

Pf pf

Pfau

R r

Reh

S s

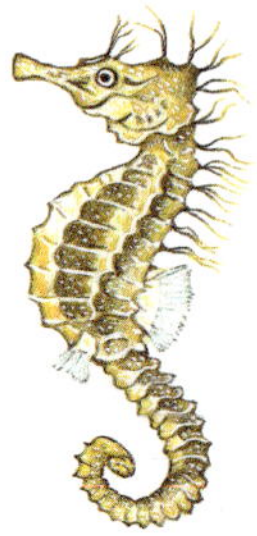

Seepferdchen

Sch sch

Schildkröte

T t

Tiger

U u

Uhu

Ü ü

Kühe

W w

Wal

Weitere Texte mit Silbentrenner

978-3-619-24605-2

978-3-619-24606-9

978-3-619-24607-6

978-3-619-24608-3

978-3-619-24609-0

978-3-619-24610-6

978-3-619-24611-3

978-3-619-24612-0

978-3-619-24613-7

978-3-619-24614-4

www.mildenberger-verlag.de/822

978-3-619-04430-6

978-3-619-04431-3

978-3-619-04432-0

978-3-619-04433-7

978-3-619-04434-4

978-3-619-04435-1

978-3-619-04436-8

978-3-619-04437-5

978-3-619-04438-2

978-3-619-04439-9

www.mildenberger-verlag.de/321

978-3-619-24220-7

978-3-619-24221-4

978-3-619-24222-1

978-3-619-24223-8

978-3-619-24224-5

978-3-619-24225-2

978-3-619-24226-9

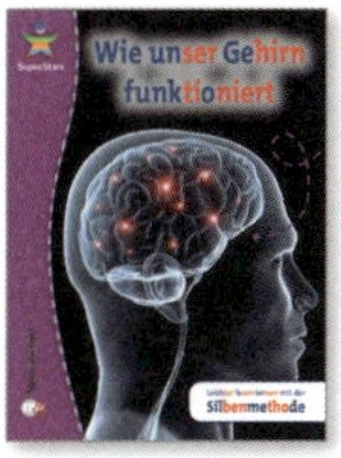

978-3-619-24227-6

978-3-619-24228-3

978-3-619-24229-0

www.mildenberger-verlag.de/545

Eisbär
Lachs
Bär
Eule
Nordamerika
Seehund
Kühe
Maus
Otter
Eichhörnchen
Wal (Orka)
Katze
Igel
Reh
Qualle
Pony
Boxer
Chamäleon
Delfin
Seepferdchen
Storch
Schildkröte
Zebra
Papagei
Schlange
Kröte
Ameise
Jaguar
Südamerika
Lama
N
W
O
S
Pottwal